SHAYAR KA KHWAAB

ALFAZ JO DIL KO CHHOO JAAYEIN

ABHISHEK YADAV

Jazbaat ke dariya mein, lafzon ka safar ho,

Har khwaab mein chhupa ek naya asar ho.

Yeh kitaab unhe samarpit hai jo samjhein,

Shayari sirf alfaaz nahi, ek guftagu ka safar ho.

Contents

Contents

Contents

Contents

Contents

Contents

1. Chaand Sa Dil

Chaand sa dil hai uska, seerat ki wo dudh si saaf hai ||
Baatein wo karti hai aise, jaise kisi shayar ka khwaab hai |
Sukoon mil jata hai hume, bas unki ek jhalak se hi ||
Waise wo hai to iss duniya ki hi, lekin usme unn hooron wali
koi baat hai |

2. Wo Din

Kitna haseen hoga wo din ||
Jab tumhe kisi aur ki nahi,
bas meri hi chahat hogi |
Mere kandhe par tera sarr hoga ||
Aur tumhare gale me mere pyaar ki nishani hogi |

3. Har Chehre Me

Har chehre me tera aksh nazar aata hai ||
Har baaton me tera zikr nikal jata hai |
Chahte to hai tumhe bhulana barso se ||
Par kambakht yeh dil har baar,
Tumhare hi pyaar me phisal jata hai ||

4. Tumhare hi Khatir

Tumhe khone ke baad se, khud ko bhi kho chuke hai hum ||
Tumhari yaadon me Kai raatein roo chuke hai hum |
Chand, Sitare, yeh Aasmaa sab gawah the mere Ishq ke ||
Bas ek tumhare hi khatir sab se yeh nata tod chuke hai hum |

5. Baarish

Baarish ki pehli bund si hai wo ||
Aur mai banjar registaan sa hu |
Chahat hume bas ek chaand ki hai ||
Aur unki chahat hai yeh pura aasmaan |

6. Uns Karne Me

Ab Darr lagta hai kisi se bhi uns karne me ||
Apni har naziz cheej ko kho baithe hai hum |
Unhone tamanna ki thi do bund Paani ki ||
Aur hum nasamajh jheel de baithe hai unhe |

7. Khwaish

Tujhse mohabbat karne ke baad se,
Toote hai iss kadar ki kabhi jud nhi sakte ||
Tujhe yaad hamesha karte hai,
Par tujhse kabhi mil nahi sakte |
Ek arsaa ho gya hai teri khushboo se mile humdum ||
Tujhe paane ki khwaish to rakhte hai,
Par tujhse kuch kahh nhi sakte |

8. Mere Masle

Mere masle meri khwahishwein sab mujhse badi hai ||
Mere dosti Khushi se bas do ghadi hai |
Na jane kis quambaqt ghadi me tumse dil lagaya tha humne ||
Ab to Marne ki iltiza bhi jeene ki aarzoo se badi hai |

9. Tere Hi Naam Pe

Safar me to hai par manzil ka kuch pata nhi hai ||
Jana kahan hai kuch bhi pata nhi hai |
Ab to chod chuke hai hum apna sab kuch bas ek tere hi naam pe
||
Saari duniya ko khabar hai bas ek tujhe hi kuch pata nhi hai |

10. Khubsurti

Kisi ne kya khub kaha hai ki,
Khubsurti jhuth ko bhi sach bana deti hai ||
Anyatha hum kyu hi tumhari baaton me aate |
Kyu hi tumhe apna rabb samjhte aur kyu hi tumhare sajde me
apna sarr jhukate |

11. Ek Tarfa Mohabbat

Aftaab ko kabhi chaand nhi milta ||
Iss dharti ko kabhi aasmaan nhi milta |
Kabhi dekha hai sitaron ko dekh,
Chand ko muskurate huye ||
Ek tarfa mohabbat me dil ko kabhi mukaam nhi milta |

12. Hooron Ka Khwaab

Tujhe pane ki khwaish me khud ko kho baithe hai hum ||
Apna chain sukoon saadgi sab se haath dho baithe hai hum |
Aftaab ki paheli shams sa tha uska Noor ||
Basharo ke beech me hooron ka khwaab dekh baithe hai hum |

13. Phulo Ke Chakkar Me

Sehar sehar me ek Mor dekh kar yaadon ka shor aaya ||
Tere Jane ke baad wo galiyan wo shahar sab chod aaya |
Ab to jee rahe hai iss begane shahar me musafir ki tarah ||
Phulo ke chakkar me yeh saare kaante mai tod aaya ||

14. Koshish

Meri harr koshish nakaam si hoti ja rahi hai ||
Tujhse durr rahne ki khwaish puri nhi ho pa rahi hai |
Harr raat sochte hai ki kal se tumse duriyaan banayenge ||
Iss chakkar me yeh zindagi aise hi nikalti ja rahi hai |

15. Naazim Sa Shaks

Mere liye Naazim sa shaks khone wala hai ||
Mujhe pata hai mere sath aage kya hone wala hai |
Waise to duriyaan bahot hai zameen aur aasma me ||
Phir bhi ek rishta hamesha unke darmiyaan rahne wala hai |

16. Hasrat

Hasrate humne chaand ki hai to sitaare kaise tod laye ||
Muraad humne rabb se ki hai to aise kaise bhul jaye |
Chahat Khushi ki hai hume, hasi to humare paas hi hai ||
Inn sabhi chakkaro me kahin hum khwaab hi dekhna na bhul
jaye |
Na jane kis gunaah ki saja hum pa rahe hai ||
Tere bina yeh zindagi bina Khushi hi jiye ja rahe hai |
Bas ek haar jate hai hum iss dil ke wajah se ||
Nahi to harr dimaag ki Jang hum hamesha se hi jeetate aa rahe
hai |

17. Ehsaas

Tu sirf dost nhi hai mera,
Mere liye tu kuch khaas hai ||
Tera hona is zindagi me uss rabb ke hone ka ek ehsaas hai |
Waise to chahtein bahot hai meri is duniya me ||
Lekin mai teri chahat hu yeh mere liye kuch khaas hai |

18. Kabrr

Harr raat main yeh shayriaan likhte ja raha hu ||
Kagazon par main apne khwaab likhte ja raha hu ||
Likh raha hu dard bas issi aas me ki kabhi koi isse padhe wala
hi nhi hai |
Tere bin jee raha hu aise jaise kabhi main marne wala hi nhi
hu |
Meri Harr khwaishyein hai daphan mann ke kisi kabrr me||
Chabhi us kabrr ki maine na jaane kahan gawayi hai ||
Maine bas us ek chaand ko paane ke khatir inn sabhi sitaron se
ki ladai hai |

19. Ghamand

Apni hi baaton me khush rahti hai wo ||
Lafzon ke bin hi sab kuch kahti hai wo |
Aur ghamad to bahot hoga hi use khud par||
Kyuki wo pasand uski hai jise koi pasand hi nahi |

20. Nasha

Sharaab, cigarette aur gaanjo ke daur me ||
Mujhe ek teri aadat si ho gayi hai |
Waise to hanikarak hai mere liye yeh sab hi ||
Lekin mujhe iss qambaqat zehar se mohabbat ho gayi hai |

21. Samjhogi Kya?

Yaar ek sach kahun kya tumse, tum samjhogi kya ?
Waise to mai hamesha rakhta hu khud ko sayam me ||
Lekin darta hu kahin yeh bandh tut na jaye |
Ye jo aadhe adhoore rishtey hai, Kahin yeh bhi humse ruth na
jaye |
Apni aadhi zindagi beeta di hai humne unki yaad me ||
baki bachi aadhi zindagi kahin tumhari yaad me na beet jaye |

22. Aakhiri Din

Aaj saal ka aakhiri din hai,
Lekin kuch bhi badlne wala hi nhi hai ||
Phir chal pade hai usi raah me,
Jahan koi mujhe samajhne hi wala nhi hai |
Soch raha hu kal se badal du mai khud ko ||
Lekin uske hote huye aisa kuch hone wala hi nahi hai |

23. Chahat

Wo chahat bhi kya chahat hai jo puri ho jaye ||
Wo mohabbat bhi kya mohabbat hai jo muqammal ho jaye |
Baatein to bahot karni thi hume tumse ||
lekin wo baat hi kya baat hai jo unkahin na rah jaye |

24. Alvida

Tu meri chahat kar to sahi mere humdum ||
Tere liye to mai apne rabb se bhi lad jau |
Tujhe apne iss dil me basakar ||
Teri khushi ke liye to mai, apni saanson ko bhi alvida kahh jau
|

25. Ek Tarfa Rishta

Jab se tumse mulaqat hui hai tab se kisi aur se milne ki chahat
hi nhi hai ||
Teri seerat dekhne ke baad se kisi aur ki surat dekhne ki hume
chahat hi nhi hai |
Tumhe paane ki aarzoo to bahot hai hum mein ||
Lekin ek tarfa rishta to humne kabhi chaha hi nhi hai |

26. Sach

Pehle se bhi Jayda shaant rahne lage hu mai ||
Bin kahe teri sabhi baatein samajhne lage hu mai |
Yeh meri muskurahate aur pyaari baatein bas tere liye hai ||
Iss lahje me baat hum har kisi se nhi karte |
Agar mai tera hu to tu mujhpar haqq jata to sahi ||
Yeh haqq jatane ka haqq humne harr kisi ko nhi diya hai |
Agar Mera haal puchana hi hai to do teen baar puch lena meri jaan ||
pehali baar me to humne kisi ko bhi kabhi sach kaha hi nahi hai |

27. Meri Mohabbat

Meri mohabbat ek samundar ki tarah hai ||
Yeh na tujhe dubane degi aur na hi tairane degi |
Chahe kitni bhi badi badi lahare ya tofaan aaye ||
Yeh ant me tujhe kinaare laga kar hi alvida kahegi |

28. Tere Liye

Duniya bhula sakta hu tere liye, Tu ek baar haqq jata to sahi ||
Karni hai tujhse bahot si guftgu, tu kabhi mujhse milne aa to
sahi |

29. Adhurapan

Aaj se mai kahaniya adhuri hi padhunga ||
Tujhse durr rahne ki koshish beintehaa karunga |
Kuch to kami jaroor hogi hi mujhme ||
Aaj se mai mohabbat adhuri hi karunga ||

30. Sukoon

Bade dino baad aaj sukoon paya hai maine ||
Apni harr ek galtiyon ka hisaab banaya hai maine |
Kamiyan to tujhme bhi bahot hai aye mere humdum ||
Bas aaj tak unpar humne kabhi gaur farmaaya hi nahi hai |

31. Wo Galiyaan

Unn galiyon me jana chod diya hai maine, jahan kabhi
tumhara ghar hua karta tha ||
Unn raaston par chalna chod diya hai maine, jahan kabhi hum
saath chala karte the |
Chod diya hai maine wo sab kuch, Jo bhi tujhse juda hua tha ||
Shayad isiliye chod diya hai maine, ab kisi se bhi pyaar karna |

32. Neend

Chahtein Kami ki hai to khwahishein muqammal hogi kaise ||
Aashiqui zakhmo se hai to ghaav bharenge kaise |
Dekha hai unhe aaj kisi aur se dil lagate huye ||
To inn qambaqat ankhon me aaj neend aayegi kaise |

33. Umeedon Ke Chiraag

Aisi bhi kya khata hui hai humse, ki tum etna mera dil dukhati
ho ||
Pata to hai tumhe mere dard e dil ka haal to phir kyu har roj
mujhse hi mera ghaav taza karwati ho |
Ab to chhod do mujhe akela, ab todne ko kuch nhi bacha hai
mujhe me ||
Kyu harr subah aa kar, mere andhere se dil me umeedon ke
chiraag jalati ho |

34. Matlabi Hu

Waise to matlabi bahot hu mai iss duniya ke liye ||
Lekin agar jo tu chahe to tere liye harr baar tut sakta hu |
Mere tukde abhi bhi bikhre hai enhi pharsho pe ||
Agar tu milne aaye to khud ko samet sakta hu |

35. Chaand Bhi Ruswa

Tujhe pane ki chahat etni hai ki, tere liye khud ko bhi kho sakte
hai hum ||
Tujhse pyaar to nhi karna chahte the kabhi, par teri hi
mohabbat me dub gaye hai hum |
Ab to wo chaad bhi ruswa ho gaya hai mujhse ek teri hi wajah
se ||
Kahta hai jab se mai milne laga hu tumse, uski taraf dekhna
bhul gaya hu mai |

36. Berang Si Zindagi

Chahta hu ek umar tere saath rahna, tum sath mera nibhaogi
kya ?
Likh diya hai tera naam apne dil par, tum apne hathon se use
sajaogi kya ?
Sunna hai tumhe shauk hai, chitra-kari ka ||
Badi berang si hai zindagi bhi meri, usme bhi thode rang
lagaogi kya ?

37. Wo Lakeer Chahiye

Har roj subah tujhe dekh saku yeh naseeb chahiye ||
Har safar me tere sath chalu wo taqdeer chahiye |
Agar tujhe kuch banana hi hai to mere hathon me tujhe paane
ki lakeer bana ||
Adhure to hum ek arse se hai hi, agar mujhe teri mohabbat
chahiye to puri hi chahiye |

38. Wo Kahti Hai

Wo kahati hai ki unhe baarish me bhigna pasand nhi hai ||
Aur hum qambaqat baarish ki har ek bund me bhigna chahte
hai |
Unki chahat hai iss duniya me har din kisi naye shaks se milne
ki ||
Aur hum nadaan unke baad kisi aur ko milna to dur ki baat
hai, hum to kisi aur ko dekhna bhi nhi chahte hai |

39. Chai Sa Sawla

Mai chai sa sawla hu, wo dudh si safed hai ||
Mai safar ki mehnat hu, wo manzil ki khushi hai |
Mujhe pata hai ki humara mel kabhi ho nhi sakta ||
Lekin marne ke dar se, mai jeena bhi to chod nhi sakta |

40. Chahat Hi Nahi Aati

Wo to bistar par letate hi so gaye ||
Hume to unse baat kiye bin neend hi nhi aati hai |
Chahat hume huyi bhi to unse hi ||
Jinhe chahne ke baad se hume chahat hi nhi aati hai |

41. Tasveer

Khubsurti tumhari inn qambaqat tasveero se bayaan hogi nahi

||

Sadagi tumhari ab humse kabhi juda hogi nahi |

Tu khwaish kyu kar rahi hai dusaro ki, tu to apne aap me hi

muqammal hai ||

Tu yakeen kar mera maine dekha hai iss duniya ko bahot kareeb

se, yahan tere jaisi koi dusari hai hi nahi |

42. Fursat Se

Sunna yaar... Mere liye kuch mangegi kya apne uss rabb se ||
Mujhe pata hai iss janam me humari mulaqat thodi derr se hui
hai aur tu ab kisi aur ki ho gayi hai |
Phir bhi mang lena khud ko mere liye apne uss rabb se aur
kahna...
Iss janam me na mile to bhi koi shikwa nahi hai, bas agle sabhi
Janmo me hume Milana sabse pahle fursat se |

43. Mera Dil

Mujhe sambhal paogi kya tum, mai tuta hua hu barso se ||
Yeh qaaynat kho di hai maine jab se bichhada hu mai unse |
Ek arsaa ho gaya hai mujhe kisi se dil lagaye huye ||
Agar mai de du tumhe yeh mera dil, kahin tum tod to na doge
phirse |

44. Weekend

Ab weekend aane ki khushi pahle jaise nhi hoti ||
Yeh do din tujh bin rahenge kaise iss fikrr me hi din aur raatein
beeti |
Kuch to karna hi padega ab mujhe is nadaan dil ka ||
Khwaish karta bhi hai to unki jinhe pane ki koi umeed hi nhi
hoti |

45. Mujhe Pyaar Hai Tujhse

Ek baat bolu sunoge kya ?
Mujhe pyaar hai tujhse, mujhe chunoge kya ?
Bahot saaf dil se mai chahta hu tumhe ?
Tum apni saari zindagi ab mere sath jeeogi kya ?
Mai apni saari umar le kar aaunga tu apne saare khwaab le kar
aana |
Mai apne saare dard bhul jaunga tu bas apne chehre par
muskan le kar aana |
Maine phulo ki chadar bichhai hai tumhari raah me |
Tum bas ek phul gulaab ka le kar aana |
Karenge tumhare har ek khwaab ko muqammal |
Tum bas fursat se aana |

46. Zimmedari Le Lee Hai

Ab chalti huyi buso ke peeche daudna chod diya hai maine ||
Ab maine khud ki hi ek gaadi le lee hai |
Ab band karr diya hai maine meri khushi ke liye tujhse baat
karna ||
Ab maine khud hi apni khushi ki zimmedari le lee hai |

47. Ishq kya hai ?

Ishq kya hai ?
Ishq ek ehsaas hai jo tere na hone par bhi hone ka ehsaas de ||
Ishq wo pyaas hai jo pyaas puri na hone par bhi khushi ka
ehsaas de |
Ishq wo hai jo tere jaane ke baad bhi teri khushbu ko mahsoos
karu ||
Ishq wo tera saath hai Jo tune adhura hi diya tha phir bhi
mujhe wo muqammal hone ka ehsaas de |

48. Pahle Wali Baat

*Khubsurat to bahot hai tu, lekin tujhme ab wo pahle wali baat
nhi hai ||*
*Khush to mai aaj bhi hu lekin mujhme bhi wo pahle wala Noor
nhi hai |*
*Shayad se bahot kuch kho diya hai maine bas ek teri hi khoj me
||*
*Aankhon me sapne to bahot hai lekin ab wo pahle wali raat hi
nhi hai |*

49. Dil Se

Nikal diya hai tujhe ab apne iss dil se ||
Phir se tujhe yahan apna ashiyana basane nhi denge |
Na hi ab apna yeh dil kisi ko kiraye par denge ||
Aur na hi kisi ko ab yahan phir se koi mahfil sajane denge |

50. Jalan

Tujhe dekhna dusro ke saath mujhe kuch achcha nhi lagta hai ||
Jalan to hume kabhi kise se huyi nahi lekin phir bhi wo mujhe
kuch sachcha nhi lagta hai |
Lo Maan liya ki hum behtareen nhi hai tumhare liye ||
Lekin sach bata kya wo shaks tumhe mujhse behtar janta hai ?

51. Chahat

Tujhe harr ek dard se bachana chahte hai ||
Teri harr ek khwaish ko muqammal karna chahte hai |
Tune kabhi haqq hi nhi diya hai aye mere humdum ||
Tujhe to hum apne iss dil me basana chahte hai |

52. Jhuthi Muskurahat

Unki jhuthi muskurahat mujhe tanha kar rahi hai ||
Unki yeh aankhein mujhe gumraah kar rahi hai |
Chahte nhi hai hum unki raaho me jana phir se ||
Lekin unki yeh hass hass kar baat karne ki ada hume phir se
unka deewana kar rahi hai |

53. Log Puchte Hai Mujhse

Log puchte hai mujhse ki Aisa kya hi dhundh raha hai tu ?

Tujhe kyu koi pasand hi nahi aata hai ?

Tu hi bata kya bata du unhe ?

Ki pasand meri shayad mujhe napasand karti hai |

Janti to hai sabkuch bas manane se darti hai |

Haan mana ki main kabil nhi hu tumhare ||

Phir bhi tu hi bata kya kabil banne ki koshish ka koi mol nahi hai ?

Waise to mujhe iss zindagi se koi dil-lagi hai hi nhi ||

Mai to bas jee raha hu apni maa ke liye aur dusri wajah tu ban gayi hai ab |

Agar tujhe kabhi waqt mile apni daud-bhag se to aana aur milna mujhse ||

Bahot si baatein likhi hai maine tere liye, tu sunna aur kehna kya kami rah gayi hai unme |

Kami to zaroor hogi hi un sabhi baaton me, kyunki tere bina wo baatein adhoori hi hai |

Kahani likhi hai maine apne ek tarfa ishq ki, tu aana aur muqammal kar dena bas use ek baar padh ke |

*Haan bas etna khayal rakhna ki yeh kahaniyan kabhi koi aur
na padhe kyunki harr kisi se bardaasht hogi nhi yeh kahaniyan
humari |*
Log yahan jee rahe hai bas apne liye ||
Mere tere liye jeene ki baat unse bardasht hogi nhi |
Ab to uss chaand ne bhi mujhse baat karna chod diya hai ||
*Kahti hai tu to badal gya hai uske intezaar me, tujhe to bas tab
hi meri yaad aati hai jab tujhe deedar ho pata nhi hai tere yaar
ka |*
Inn taano ko sunkar to mai phir bhi jee sakta hu ||
*Lekin tujhe dekhe aur baat kiye bin jéena thoda namumkin sa
lag raha hai |*
Chod de tu mujhe iss sagar me akela ek dum us naav ki tarah ||
Jiski koi manzil hi nhi hai iss jahaan me |
Yaa phir thaam le tu mera haath kuch iss kadar ||
Jaise iss jahaan me mere bin tera koi jahaan hi nhi hai |

54. Ek Akela Main

Ek akela main ek akeli meri shayari ||
Dono jee rahe hai aise jaise bin panno ki dairy |
Aaj hu akela mai aur yeh raat mujhe hai kha rahi ||
Dekhna chah raha hu jo khwaab wo bhi inn aankho me aaye hi
nhi |
Isse bhi badnaseeb ab kya hi hoga yeh naseeb mera ||
Durr Jaa raha hai wo shaks bhi Jo kabhi mere paas tha hi nhi |

55. Ek Guzarish

Ek guzarish hai tumse mujhe apne chehre ko chhune dogi kya ?
Kuch baatein hai mann me jo maine kabhi kisi se kahi nhi kya
tum sunogi kya ?
Mai to marr hi chuka hu kabka, mujhe yun nazarandaaz kar
aur na maro ||
Bas dekh lo tum bhi mera khwaab aur mujhe apni haseen
haqqiqat bana lo |

56. Muraad

Suna hai bhagwaan tere dil ke bahot kareeb hai ||
Tum mere liye khud ko unse mangogi kya ?
Mujhe Amar hone ki koi khwaish nhi hai ||
Mai bas apna har pal tere sang jeeyun yeh muraad mangogi kya
?
Khud ko kho kar bhi tujhe paane ki koshish Karu yeh shiddat
mujhse tum chahogi kya ?
Lo maan liya maine ki mai tumhare kabil nhi hu ||
Phir bhi mera yeh haath thaam kar tum mujhe iss andhere se
roshni ki taraf lane ki koshish karogi kya ?

57. Pahli dafa

Pahli dafa jab dekha tha tumhe to tum mujhe batamiz aur matlabi si lagi thi ||
Kaash agar mai uss khayal mai hi rahta to achcha hota |
Tumhe janane ke baad se, ab hasrat si ho gayi hai tumhe paane ki ||
Agar meri hasrate, hasrat hi rahe to achcha hoga |
Meri Nazarein to kamiyan nikal leti hai uss chaand me bhi, jiska deewana yeh saara jahan hai ||
Phir pata nhi kyu tum mujhe etni muqammal si kaise lagti ho |

58. Adhuri Padhi Kitaab

Tu mere muqammal khwaab sa hai ||
Aur Mai teri ek adhuri padhi kitaab sa hu |
Ek mai hu jisne tujhe apna sab kuch maan liya hai ||
Aur ek tu hai jo mujhe pura karna hi nhi chahta |

59. Chocolate

*Mujhe teri chahat hai aise jaise kisi bachche ke haath me
chocolate ||
Chahte to hai khana tumhe bas choclate khatam hone se darr
lagta hai |*

60. Duniyaa

Mere liye meri muqammal duniya si hai wo ||
Uske liye mai bas ek achcha dost hu |
Kahti hai usme hunoor hi nhi hai logo ko pehchane ka ||
Aaj Maan liya maine bhi ki uski to paas ki nazar hi kharab hai
|
Aise kaise ho sakta hai ki use mera pyaar nazar na aaye |
Aise kaise ho sakta hai ki use meri baat samajh na aaye |
Waise to bahot samjhdaar hai wo, baat karne me ekdum faraar
hai wo |
Phir bhi na jane kaise wo meri baatein hi nahi samajhti |
Janti hai shayad sab kuch bas hamesha nadaan banke baithi
rahti |
Uske jism ki chahat nhi hai mujhe ||
Koi jaaye aur use yeh bhi bata de |
Ki agar wo haa kare bas ek baar, to saari umarr use bina
chhuye, sirf dekh aur baat kar beeta sakta hu mai |

61. Fursat Hi Nahi Hai

Jis shaqs se door rahna tha hume, unse hi mohabbat ho gayi hai

|

Chahat huyi bhi hai to aise jaise ki koi qayamat ho gayi hai |

Ab kis tarah se sambhalu mai khud ko, Unka durr hona mujhse

saha hi nahi ja raha hai ||

Hamesha unke sath rahne ki ab jo aadat si ho gayi hai |

Unhe kisi aur ke sath dekhna to durr ki baat hai ||

Hume to unka kisi aur se baat karna bhi gawara nhi hai |

Aur ek wo hai jo mahroom hai aaj bhi kisi aur ki mohabbat me

||

Unhe to meri taraf dekhne ki fursat tak bhi nahi hai |

62. Illm Hi Nahi

Unke mai saare khwaab muqammal kar dunga ||
Wo ek baar wada to kare zindagi bhar sath nibhane ka |
Unhe illm bhi nahi hai ki humne unke liye kya kya chod diya
hai ||
Wo to mashroof hai aaj bhi kisi aur ke hi khayalon me |

63. Tumhare Bin

Tumhare bin yeh din, din sa nahi lagta ||
Tum bin yeh raat muqammal si nhi lagati |
Humari chahtein humari baatein kuch adhoori si rah gayi hai
||
Kabhi milon usi raah par jahan tumne mera haath choda tha ||
Kar dunga main muqammal tumhari har chahtein, har
baatein, yeh din aur wo raat bhi, bas ek muqammal hogi nhi
humse, tumhare durr jane ki baat phir se |

64. Na Muqammal Khwaish

Mere liye mera muqammal jahaan hai meri maa ||

Uske baad sirf ek tujhe hi chaha hai maine |

Mujhe pata hai hume hasrat hai tumhe paane ki aur tumhe

hasrat hai kisi aur ke ho jaane ki ||

Mere liye yeh ek tarfa mohabbat ab aam si baat hai, tera kisi

aur chahna yeh ab aam si baat hai ||

Bas aam nahi hai mera tujhe yaad karna, harr baaton me tera

zikr karna ||

Meri saari chahtein ab khatam si hoti ja rahi hai, meri har dua

ab ansuni hi rah ja rahi hai, aur ab to muqammal bhi nahi ho

raha hai humse, har raaton me tujhe yaad naa karna |

65. Talaash

Unhe bahtar ki talaash hai, hume wo jaisi hai waisi hi kafi hai
||
Unhe subah ka intezar hai aur hum inn chandani bhari raaton me hi khush hai |
Aisi koi manzil nahi hai, jo wo mere saath hasil nahi kar sakti
||
Phir bhi use mujhse bahtar ki talaash hai, aur mai uski iss na muqammal talaash me hi khush hu |

66. Khali Kitaab

Mai hu ek khali kitaab ke panne sa ||
Aur tu khud me hi ek muqammal tasveer hai |
Suna hai tu khud ko ek kalakar kahti hai ||
To aaj inn khali pade panno me kuch rang bharegi kya ?
Bade arse se inn par kisi ne kuch likha nahi hai, tu uspe kuch
shayariya likhegi kya ?
Suna hai tere ghar ke paas ek mandir bhi hai ||
Tu wahan mujhe paane ki mannat
karegi kya ?

67. Bas Me Hi Nahi Hai

Tujhe kabhi na kahna, mere bas me hi nhi hai ||
Tere bin ek pal bhi rahna, mere bas me hi nhi hai |
Bas me hi nhi hai mere, tujhe kisi aur ke sath dekhna bhi |
Pana chahte hai tumhe apni aakhiri saans de kar bhi ||
Lekin tujhe paana bhi to mere bas me hi nhi hai |

68. Sabrr

Log dekhte hai mujhe bahot hi hairat se ||
Kahte hai mujhme Sabrr bemisaal hai |
Koi jaye aur samjhaye inn logo ko ||
Yeh mera Sabrr nhi, tere aane ki umeed hai |

69. Zulfein

Apne inn zulfon ko tu thoda sambhal kar rakha kar ||
Yeh mathe par aa kar mujhe tera deewana sa kar deti hai |
Apni inn aankhon ko tu thoda jhuka kar rakha kar ||
Yeh aankhein teri mujhe madhoosh sa kar deti hai |
Kahin dub na jau mai iss Ishq ke samunder me phir se ||
Mai to hu badnaseeb bachpan se hi, mujhe to tairna bhi nhi
aata hai |

70. Muqammal Kahan Hone Deti Hai

Tu aise aankh na mara kar mujhe sare-aam sab ke samne ||
Yeh duniya hume bahot hi galat samjhti hai |
Pyaar to muqammal hota hai apne aap me hi ||
Yeh duniya pyaar ko muqammal kahan hi hone deti hai |

71. Mohabbat Na Ho

Aaj usne pucha humse, ki tum hamesha etna akele hi kyu rahte
ho ?
Tumhe yeh andhera kyu etna pasand hai ?
To humne kaha,
Ab darr lagta hai hume kisi ke saath rahne me ||
Ab hume akelepan ki aadat si ho gayi hai |
Yeh roshni Suraj ki chubhti hai mere aankhon ko, mujhe uss
andheri raat ki aadat si ho gayi hai |
Ab tu hi bata inme se Jayda bura kya hoga mere liye ?
Mujhe mohabbat hai jisse wo mere sath na ho |
Ya phir, mai jiske saath hu usse mujhe mohabbat na ho |

72. Etna Dara Na Kar

Tu Etna Dara na kar meri khamoshi se ||

Teri baaton ka mujhe bura nhi lagta hai |

Teri harr galtiyon ko khushi khushi nazar andaaz karta hu

main ||

Teri baaton se tu mujhe bewafa nhi lagta hai |

Tu Etna fikrr na kiya kar iss zamaane ka meri jaan ||

Jo tujhe naa manjoor hu main, to yeh Ishq e Izhaar mai khud se

bhi nahi karunga |

73. Ta-Umrr

Aaj kal mujhe neend nahi aati hai raaton me, tum mujhe sula
paoge kya ?
Yeh takiye mere geele hai mere aanshuon se, tum unhe sukha
paoge kya ?
Haan mana maine, mujhe gussa bahot aata hai ||
Lekin tum mere gusse me bhi mera sachcha pyaar dhund paoge
kya ?
Ek arsaa intezaar kiya hai maine tumhara mere zindagi me
aane ke liye ||
Kya tum aa kar yahan, ta-Umrr thaherr paoge kya ?

74. Jaan Baaki Hai

Jo ban gaya hu ab mai, mai wo banana nhi chahta tha ||
Jo sab kho diya hai maine, wo sab mai khona nahi chahta tha |
Khone ko ab aur kuch bacha nahi, aur paane ko ab yeh sara
jahan baaki hai ||
Baaki hai mujhme abhi bhi kuch khwaishyein, aur un
khwaishon ke liye abhi bhi mujhme thodi jaan baaki hai |

75. Saste Nashe

Sab kuch paa kar bhi tum kyu udaas baithe ho ||
Mai to apna sab kuch kho kar bhi aaj bhi muskura raha hu |
Naa jane kaunsi duniyaa ke saste nashe karte ho tum shayad ||
Mujh-sa heera paa kar bhi, tum sone ki khoj me ja rahe ho |

76. Nadaan Dil

Roj dekhte hai hum chehra unka, lekin wo shaks hume har roj
kuch Naya hi nazar aata hai ||
Hume ab aadat si ho gayi hai, unhe har roj dekhne ki ||
Unhe dekhe bina hume chain bhi kahan aata hai |
Haan malum hai hume, wo shaks bewafa hai ||
Lekin unpar aitbaar kiye bina humse raha kahan jata hai |
Haan mana wo jhuthi aur hum sachche hai shayad ||
Lekin iss nadaan dil ko yeh fark hi kahan nazar aata hai |

77. Tumhe Illm Bhi Nahi Hai

Log puch rahe hai mujhse, tu etna kyu badal raha hai ?
Aisa kya paana chah raha hai tu, ki ab yeh sab-kuch chod raha
hai ||
Tumhe illm bhi nahi hai ki, tumhare kaabil banane ke liye mai
kya kya kar raha hu ||
Bas ek tumhe chhod kar, baaki inn sabhi se kinaara kar raha hu
|

78. Teri Jheel Si Aankhein

Mujhe teri inn jheel si aankhon me duba hi rahne de ||
Tu teri inn kaali zulfon ko, khula hi rahne de |
Teri baatein bahot pyaari hai, par wo baatein meri nahi |
Teri raatein bahot khubsurat hai, par wo bhi meri nahi |
Mere to yeh khwaab hi etne haseen hai, ki mujhe teri inn
haqqiqaton se kya hi lena dena hai ||
Mujhe teri iss ek tarfa mohabbat me, akela hi rahne de ||

79. Ek Quatra

Mai uski chahat ke, ek quatre me khush hu ||
Usse to meri chahat ka, sagar bhi qubool nhi hai |
Mai tamanna kar raha hu uss phool ki ||
Jo kisi bhi Mausam me khilta hi nhi hai |

80. Haal E Dil

Wo kahati hai, aap to mujhe jante hi ho ||
Hum kaise bataye unhe, ki tumhe naa janana to mere bas me hi
nahi hai |
Mere bas me hi nahi hai, teri kisi bhi baat ko bhul Jana |
Mere bas me hi nahi hai, tujhe har baar mud kar na dekhna |
Ek mai hu jo shayad se janata hai har ek chhoti si baat bhi tere
baare me ||
Aur ek tu hai jise illm bhi nahi hai mere haal e dil ka |
Kuch dino se mai tuta tuta hua hu ||
Use lag raha hai, mai usse rutha rutha hua hu |
Mera ruthna bhi shayad uske liye aam si baat hai ||
Mere naseeb me shayad uska sath hi nhi hai |

81. Jannat

Log kahte hai mujhse, achcha hua jo tu use paa na saka ||
Nahi to wo bhi aaj, tere liye khaak barabar hi hoti |
Aur hum mann hi mann me kahte hai unse |
Ki hum wo nahi Jo kisi ko haseen khwaab dikha kar unhe
jahnuum me akela chod jaye ||
Hum wo hai jo unke saath jahnuum me rah kar bhi, unhe harr
pal jannat ka ehsaas denge |

82. Dua

Na ab koi dua, kaam aayegi meri ||
Aur Na hi koi dawa, ab mujhe aaraam degi |
Dekha hai maine aaj, tujhe kisi aur ki bahon me ||
Ab lagata nahi hai mujhe, yeh raat meri aasani se Katt payegi |

83. Bikharna Nahi Chahte Hai

Usne aaj puchha humse, ki tu single kyu hai, karwa du kya teri
setting apni kisi friend se ?
Humne socha haan, kahh du use, lekin phir maine khud ko
roka aur samjhaya ki |
Uske Jane ke baad se, jo hum bann gaye hai, wo hum banana
nahi chahte the ||
Ishq, pyaar, mohabbat to durr ki baat hai, hum kisi aur se baat
karna bhi nahi chahte the |
Badi mushkilo se humne, jod rakha hai khud ko ||
Phir se kisi aur se mohabbat karke hum bikharna nahi chahte
hai |

84. Sirf Tum

Iss duniya ke saare haseen alfaaz, mai bas tere liye kahunga ||
Iss duniya ke saare khubsurat raaste, mai bas ek tere hi sang
chalunga |
Waise to bharosa nahi hai mujhe, iss duniya me kisi par bhi ||
Phir bhi har baar yeh dil tutne ke baad bhi, mohabbat main
sirf tujhse hi karunga |

85. Maatam

Inn raaton me Chandni, ab thodi kam-kam si lagti hai ||
Tere durr jane ke baad se, yeh aankhein ab thodi nam nam si
lagti hai |
Dekha nahi jata hai mujhse, tujhe kisi aur ke sath ||
Tere saath na hone se yeh zindagi mujhe, ab maatam si lagti hai
|

86. Manjoor Hai

Tujhe Mera tutna manjoor hai, to wahi sahi ||
Tujhe mujhse dur jana manjoor hai, to wahi sahi |
Tujhe manjoor hai agar, to teri ek khushi ke liye apni saari
khushi luta denge hum ||
Tujhe manjoor hai agar, to tere liye, khud ko bhi mita denge
hum |

87. Achcha Nahi Hota

Jayda shayariya padhna, achcha nahi hota ||
Hamesha khwabon me hi rahna, achcha nahi hota |
Udh ja aye Aashiq, Ab haqqiqat tere samne hi hai ||
Har roj kisi naye shaks ki bahon me hona, achcha nahi hota |

88. Khaas Hu

Agar mai khaas hu tere liye, to tu mujhpar haqq jata to sahi ||

Agar gussa hai tu mujhse, to mujhe daat laga to sahi |

Aise nazar andaaz kiya na kar mujhe, inn bhari huyi maflilon me ||

Agar bura lagta hai tujhe kuch, to mujhe kuch bata to sahi |

Aise hamesha tera mujhse ruth kar jana sahi nahi hai meri jaan |

Kabhi to Laut kar aa, aur mujhe gale se laga to sahi |

89. Muddat

Mai apni taraf se koshishen, behisaab kar raha hu ||
Tujhe bhul jane ki muddat, har baar kar raha hu |
Chahta nahi hu tujhe yaad karna kabhi bhi ||
Phir bhi yeh gunaah mai, har baar kar raha hu |

90. Pehla Pyaar Nahi

Mai tera pehla pyaar nahi, akhiri mohabaat banana chahta hu

||

Mai tera sirf dost nahi, usse Jayda kuch aur banana chahta hu |
Chahta hu mai tujhse, ki tu mujhe khud se jayada pyaar kare ||
Ek tere hi khatir, mai pyaar me phir se bekaar banana chahta
hu |

91. Kadmo Ki Aahat

Teri kadmo ki aahat ko pahchante hai hum ||
Teri badan ki khushbu ko jante hai hum |
Jante hai hum, ki hum utna jaruri nahi hai tumhare liye ||
Phir bhi har dua me hum sirf tumhe hi mangte hai |

92. Teri Aankhein

Teri aankhein to nam bhi nahi, meri raatein to sard ho gayi hai
||
Jab se durr gaye ho tum, meri yeh zindagi ek dard ho gayi hai |
Kaise kahe ki na koi shikwa hai aur na hi shikayat hai tumse ||
Bas ek tumhe apna banane ki chahat, ab bas ek chahat hi rah
gayi hai |

93. Tumse Kahta Hu

Kabhi kisi se kaha nahi maine, lekin aaj tumse kahta hu ||
Mujhe kya chahiye iss zindagi se, wo bhi aaj tumse hi kahta hu |
Mujhe talaash hai us shaks ki, jiski mai zarurat nahi, jiske liye
mai zaroori hu ||
Mujhe waise nafrat hai late reply se, phir bhi uske liye mai yeh
sab baatein nazar andaaz karu |
Wo loyal ho aise, jaise hote hai hum RCB fans ||
Bhale hi sath me hum jeete na kabhi, phir bhi hum lade harr ek
Jang saath |
Jo sirf mere jeet me hi nahi, meri haar me bhi mere sath ho ||
Jo sirf mujhe pane ko hi nahi, khone ko bhi humesha taiyar ho |

94. Khayal Hai Mera

Yeh khayal hai mera, ki mujhe tum khayal me hi rahne do ||
Yeh ikraar hai mera, ki tumhara mere liye inkaar hi rahne do |
Log jhuth kahte hai, ki khubsurti mayane nahi lagti ||
Iss jhuth ko iss duniya me, tum gumnaam hi rahne do |
Aur aap puch rahe the na, ki aap kaise auron se alag ho ?
Iss sawaal ko ji aap, sawaal hi rahne do |

95. Ek Umarr

Ek Umarr gujari hai humne, khud ko tarashte huye ||
Ab tere pyaar me khud ko barbad nahi karenge |
Haan pata hai hume, hum thoda bhatak se gaye the tumhare
Ishq me ||
Ab kisi se mohabbat karne ki galti, hum dobara nahi karenge |

96. Dard-E-Udaasi

Mai use kho kar dard-e-udaasi me hu ||
Wo mujhe kho kar bahot khush nazar aa rahi hai |
Na jane aisa kya dikh raha hai use usme ||
Ki wo heere ko chod kar, ab koyale se dil laga rahi hai |

97. Koi Mol Nahi Hai

Mere sach ka ab koi mol nahi hai ||
Main ab ek jhutha insaan ban gya hu |
Jo main ab kar raha hu wo mujhe pasand nahi hai ||
Ab main dusro ka hi nahi, khud ka bhi gunhegar ban gaya hu |
Haan kuch log kah rahe hai mujhse ki main samajhdar ho gaya
hu ||
Lekin sach kahun to main ab auro ke hi tarah bas ek matlabi sa
insaan ban gaya hu |

98. Ek Musafir

Main hu ek Musafir aur tu meri manzil si hai ||
Main hu ek pyasa aur tu mere pani ke samundar si hai |
Agar mel ho jaye humara to yeh zindagi ek jannat si hogi ||
Aur agar juda ho gaye hum, to phir tum bin wo jannat, jannat
si kahan hogi |

99. Koshish

Tu gusse me mujhe ek dum gulaab si laal dikhti hai ||
Tu sirf pasand hi nahi hai mujhe, tu mujhe bahot pyaari aur
bemisaal lagti hai |
Agar khud ko rokna hota mere bas me, to maine kabka ka khud
ko rok liya hota ||
Aise zameen se chaand ko paane ki koshish, kyu hi har baar
main karta |
Tutata to hu main har baar, tera mera na hone ke khayal se bhi
||
Lekin sach to yeh bhi hai ki agar main tera ho bhi jau, phir bhi
tu to mera kabhi ho hi nahi sakta |
Agar hoti ek chhoti si umeed bhi, ki mai khud ko mita kar bhi
tujhe paa sakta hu ||
To yakeen kar mera main khud ko mitane ki galti, har roj baar
baar karta |

100. Aadat

Main to apni aadaton se hi majboor hu ||
Tujhe dekhe bina mujhe chain kaise hi aayega |
Jo main rukhsat ho gya teri mahfil se ek baar ||
Kasam khuda ki main tujhe phir kabhi nazar hi nahi aaunga |

101. Badnaam

Tumhari aankhein mujhe badnaam kyu kar rahi hai ||
Tumhari baatein mujhe gumraah kyu kar rahi hai |
Haan jante hai hum ki tum humse bahtar ki talaash me ho ||
To phir tumhi batao yeh raatein tumhari, tumhe sukoon se sone
kyu nahi de rahi hai |

102. Tumhari Raatein

*Suna hai tumhari raatein ab tumse ruth si gayi hai, tumhe ab
subah ka intezar rahta hai ||
Khushi khushi tum gaye the hume chod kar unke paas, to phir
ab kyu tumhe humse milne ka intezar rahta hai |
Tum to kahh rahe the ki tum galat nahi the, to phir ab
pachtawa tumhe kis baat ka ho raha hai ||
Etni haseen raatein to tumne bitayi hai uss shaks ke sath to phir
ab tumhe pachtawa kis baat ka ho raha hai |
Suna hai tumhare chehre par wo pahle wali khushi nahi rahi
hai ab ||
Sach batao kya unhe bhi kambakht, tumse bahtar koi mil gaya
hai kya ?*

103. Meri Aankhein

Chahat to bahot hai mujhe ||
Lekin meri yeh chahtein mujhe kisi ka hone nhi deti |
Neend to bahot aati hai mujhe raaton me ||
Lekin yeh aankhein meri mujhe kabhi bhi sone hi nahi deti |

104. Umeed

Unse hum kya hi umeed kare ki wo humara sath denge ||
Jinhone to hume tanhaa karne ka faisla hi gairo se puch kar liya
hai |
Aur log kahh rahe ki main batmeez ho gaya hu aaj kal ||
Koi bataye enhe ki yeh lehja bhi humne inn sabhi se hi sikha hai
|
Suna hai ki tum kahh rahe the gairo se ki mai ab pahle jaisa
nahi raha ||
Tum hi ab batao mujhe, ki kya kabhi tute huye patthar ki
murti ko jod kar pahle sa paya hai tumne |

105. Pahle Wala Pyaar

Teri baaton me ab wo pahle wali Raza nahi hai ||
Tere bin ab iss zindagi me ab koi maza hi nahi hai |
Inkaar, izhaar, aitbaar sab karna chahte hai hum phir se ||
Lekin hume ab tumse wo pahle wala pyaar hi nahi hai |

106. Kaash-e-kaash

Kaash-e-kaash aisa hota, ki zikr mera hota aur muskurati tum ||
Kaash-e-kaash aisa hota, ki mai khwaish tumhari hota aur muqammal tum hote mere |
Mana wo duniya humari bahot chhoti si hi hoti ||
Lekin bemisaal hoti wo duniya, agar mere sath hote tum |

107. Unhi Galiyon Me

Suna hai humari khamiya, aap bata rahe ho gairo se ||
Humne bhi aap ke kai Aib nazar-andaaz kiye hai ||
Dekh rahe ho na wo chaand jo nikal raha hai us gali se ||
Humne bhi uss chaand ke chakkar me, kai raatein unhi galiyon
me barbaad kiye hai |

108. Noor De Diya

Achcha khasa hum masroof the apni tanhaiyon me ||
Tumne aa kar humare rooh ko sukoon de diya |
Achchi khasi aadat si ho gai thi hume inn raaton ki ||
Tumne aa kar hume befizool hi yeh Noor de diya |

109. Gawaah

Tere swaalo ke gawaah to Kai hai ||
Meri khamoshi ka gawaah to mai bhi nahi |

110. Kainat

Bina chahe hi tum, mere dil ki muraad bann gaye ho ||
Bina chahe hi tum, meri aankhon ka khwaab bann gaye ho |
Aur suna hai humne ki, tum khwaish kar rahe ho kisi ko paane
ki ||
Bina chahe hi tum, meri kainat bann gaye ho |

111. Barbadiya

Khubsurti sab unke haq me hai ||
Sadgi sab humari hai |
Tarakki sab unke haq me hai ||
Aur barbadiya sab sirf humari hai |

112. Bachchi Lagti Hai

Unki khamoshiya hume achchi lagti hai ||

Unki baatein hume sachchi lagti hai |

Waise to chehre se bahot hi masum hai wo ||

Lekin uski harkaton se wo mujhe, ek bigadi hui bachchi lagti

hai |

113. Deewaangi

Use muskurate huye dekh kar hasna hume achcha lagta hai ||
Uske Bina jeena ab hume ek bura sapna lagta hai |
Waise to deewane Kai hai humare bhi iss duniya me ||
Lekin unki deewaangi me rahna hume achcha lagta hai |

114. Dil Lagaya Nahi Jata

Waise to mahak murjhaye huye phul me bhi hoti hai ||
Lekin use kabhi Ghar me sajaya nahi jata ||
Waise to dil tutna ek achchi baat hai janaab ||
Lekin Dil todwane ke liye har kisi se yeh dil lagaya bhi nahi
jata |

115. Main Adhura

Yun thoda thoda na todo mujhe ||
Mai tumhare pyaar me muqammal tutna chahta hu |
Tujhe mohabbat karni hai to muqammal kar ||
Main adhura thodi na kisi ka hona chahta hu |

116. Do Saalo Me

Mahaj do saalo me hi maine bolna sikh liya tha ||
Aur Ab yeh puri umarr ja rahi hai meri bas khud ko shant
rakhne me |

117. Ishq Ki Galliyon Me

Naa jayda bhatka karo inn Ishq ki galliyon me yaaro ||
In galliyon me kabhi kisi ko kuch hasil nahi hua hai |
Barbaad huye hai kai Aashiq yahan ||
Lekin kabhi koi yahan aabaad nahi hua hai |

118. Deedar

Meri inn aankhon ne jeena mushkil kar diya hai mera ||
Jo inhe main band karu to khwaab tere satate hai aur jo inhe
main kholu to yeh deedar tera hi pana chahte hai |

119. Khamoshi

Khud par kabu rakhti hai wo ||
Kisi ka dil dukhana nahi chahti hai |
Mohabbat wo bhi karti hai humse ||
Bas humse wo yeh batana nahi chahti hai |

120. Dafnaya Hi Nahi

Haan mana maine ki tum meri paheli mohabbat nahi the ||
Lekin khud se bhi Jayda chaha tha tumhe |
Haan pata hai mujhe ki tumhe shauk hai mujhe barbaad
dekhne ka ||
Isliye maine kabhi khud ko kabra me dafnaya hi nahi |

121. Tumhare Bina